Vergleich der Sprintgeschwindigkeit von U15-Fußballspielern

Patrick Pfeiffer
Luiz Arthur Cabral
Dietmar Klaus Pfeiffer

Vergleich der Sprintgeschwindigkeit von U15-Fußballspielern

Eine Studie zum Vergleich der Geschwindigkeit in Abhängigkeit von den verschiedenen taktischen Positionen im Fußball

ScienciaScripts

Cover image: www.ingimage.com

This book is a translation from the original published under ISBN 978-620-2-19351-1.

Publisher:
Sciencia Scripts
is a trademark of
Dodo Books Indian Ocean Ltd. and OmniScriptum S.R.L publishing group

120 High Road, East Finchley, London, N2 9ED, United Kingdom
Str. Armeneasca 28/1, office 1, Chisinau MD-2012, Republic of Moldova, Europe

ISBN: 978-620-7-28292-0

ZUSAMMENFASSUNG

DEDICATORY

Ich widme diese Arbeit in erster Linie Gott, denn ohne ihn wäre nichts von dem, was ich bisher getan habe, möglich, weil er mich immer geführt und beschützt hat. Ich widme es auch meinem Vater Klaus Pfeiffer und meiner Mutter Creuza Maria, die mich immer angeleitet und bestmöglich unterstützt haben, damit ich hierher kommen und weitermachen konnte.

QUITTUNG

Ich möchte mich bei meinen Freunden Eduardo Domingos, Elton de Lima, Danilo Jonas und Felipe Pessoa bedanken, die mich immer unterstützt haben und mir auf meinem Weg in jeder Hinsicht geholfen haben.

Ich möchte mich auch bei den Lehrern bedanken, die mich angeleitet und mir bei der Durchführung dieses Projekts geholfen haben.

Schließlich möchte ich mich bei meinen Tanten bedanken, die mir, auch aus der Ferne, immer geholfen und mich bei der Verwirklichung dieses Traums unterstützt haben.

ZUSAMMENFASSUNG

VERGLEICHENDE STUDIE DER GESCHWINDIGKEIT ZWISCHEN FUSSBALLSPIELERN VON ZICO 10 UNIPÊ JE NACH IHRER POSITION AUF DEM SPIELFELD

Autor: Patrick Alan de Souza Pfeiffer

Mitverfasser: Prof. Dr. Luiz Arthur Cavalcanti Cabral

Schnelligkeit im Fußball ist eine grundlegende körperliche Eigenschaft für jeden Spieler. Das Ziel dieser Studie war es, die Geschwindigkeitswerte von Fußballspielern der Zico 10 UNIPÊ-Schule auf verschiedenen Positionen auf dem Spielfeld zu vergleichen. Bei der Studie handelte es sich um eine deskriptive Vergleichsstudie. Die Stichprobe bestand aus 20 Spielern im Alter von 14 und 15 Jahren, die *nach dem Zufallsprinzip* ausgewählt wurden. Die Spieler wurden entsprechend ihrer jeweiligen Position auf dem Spielfeld in 5 Gruppen eingeteilt: Innenverteidiger, Außenverteidiger, Mittelfeldspieler und Stürmer. Die ausgewählten Spieler wurden einem 50-Meter-Geschwindigkeitstest unterzogen, bei dem sie einen horizontalen Lauf mit Höchstgeschwindigkeit absolvieren mussten. Außerdem wurden die Körpermasse und die Körpergröße der Teilnehmer gemessen. Die Hauptergebnisse zeigten eine große Ausgewogenheit zwischen den Geschwindigkeiten der fünf Spielergruppen, wobei der Geschwindigkeitsunterschied zwischen der schnellsten und der langsamsten Gruppe 0,48 Sekunden betrug. Es gab keine Leistungsunterschiede zwischen den verschiedenen Positionen, und auch die Körpermasse und die Körpergröße hatten nur einen geringen Einfluss auf die Geschwindigkeit der untersuchten Spieler. Aus den analysierten Ergebnissen lässt sich ableiten, dass die Leistung bei Schnellschüssen im Fußball zwischen den verschiedenen Positionen nur wenig variiert und bei Sportlern im Alter von 14 bis 15 Jahren offenbar nicht von den Werten für Körpermasse und Körpergröße beeinflusst wird.

Stichworte: Schnelligkeit, Fußball, Körpergewicht, Größe, Positionierung, Taktik, Beweglichkeit, Jugendliche, Futsal, Sprints

1 EINFÜHRUNG

1.1 PRÄSENTATION DES THEMAS

Fußball ist eine äußerst komplexe Sportart, was die physiologischen Vorgänge während eines Spiels betrifft, da es sich um eine Sportart handelt, die aufgrund ihrer sehr unterschiedlichen körperlichen Anforderungen verschiedene Energiequellen vom Athleten erfordert (SANTOS; SOARES, 2001). Da es sich um eine Sportart mit hohen körperlichen Anforderungen handelt, sollte das Training mehr Gewicht auf die körperlichen Fähigkeiten des Spielers legen, so dass diese nicht nur ein Element sind, das verbessert werden muss, sondern von grundlegender Bedeutung für den Athleten und folglich auch für seine Mannschaft. Durch die Verbesserung dieser Konditionierung können also Grundlagen wie die Fähigkeit des Sportlers verbessert und perfektioniert werden (WEINECK, 2000).

Unter den körperlichen Fähigkeiten, die für einen Fußballspieler so wichtig sind, können drei hervorgehoben werden, nämlich Schnelligkeit, Beweglichkeit und Kraft. Ein Sportler, der über diese drei körperlichen Eigenschaften in ausgeprägter Form verfügt, kann während eines Spiels sehr erfolgreich sein, da er durch seine Schnelligkeit schneller ist als ein anderer Spieler, durch seine Beweglichkeit möglichen Zusammenstößen mit Gegnern ausweichen kann und durch seine Kraft in den verschiedensten Situationen während des Spiels erfolgreich sein kann (REBELO; OLIVEIRA, 2006). Da es sich beim Fußball um eine so umfassende und komplexe Sportart handelt, muss das Training sowohl die anaeroben als auch die aeroben Aspekte der Spieler kombinieren, da diese beiden Elemente während des gesamten Spiels zum Einsatz kommen. Daher müssen Eigenschaften wie Kraft und Geschwindigkeit ständig trainiert und verbessert werden (SANTOS; SOARES, 2001). Daher kann man sagen, dass das Training eines Fußballspielers so vollständig wie möglich sein muss, einschließlich physischer, taktischer, technischer und psychologischer Aspekte, damit die Spieler für ein ganzes Spiel vorbereitet sind (GONZALEZ; SIERRA, 2010).

In diesem Beitrag wird daher eine der wichtigsten physischen Eigenschaften untersucht, die der Fußball von seinen Spielern verlangt, nämlich die Schnelligkeit, und es wird aufgezeigt, welche Variationen dieser physischen Eigenschaft innewohnen und wie sie sich auf diesen Sport auswirken. Man kann auch sagen, dass es sich um eine vergleichende Studie über die

Beziehung zwischen Geschwindigkeit und den verschiedenen Positionsgruppen von Spielern in einer Fußballmannschaft handelt.

1.2 FORSCHUNGSPROBLEM

Wie hoch sind die Geschwindigkeitsunterschiede der U15-Fußballspieler der Schule Zico 10 UNIPÊ auf verschiedenen Positionen auf dem Spielfeld?

1.3 HINTERGRUND

Studien über die Geschwindigkeitskapazität von Spielern konzentrieren sich in der Regel auf ältere Spieler. Daher gibt es noch wenig Wissen über die Faktoren, die die Schnelligkeit dieses Segments beeinflussen. Auf der anderen Seite besteht zweifellos ein Interesse der Trainer, ihre Kenntnisse über die Fähigkeiten dieser jungen Spieler zu erweitern.

Auf der Grundlage dieser Informationen ist es möglich, spezifische Bedürfnisse in diesem Segment zu erkennen, um die Methodik des Schnelligkeitstrainings für Spieler in Fußballmannschaften zu entwickeln und zu verbessern.

1.4 ZIELE

1.4.1 Allgemeine Zielsetzung

Das allgemeine Ziel dieser Studie war es, die horizontale Geschwindigkeitskapazität von Spielern der U15-Kategorie der Zico10 UNIPÊ-Schule in Abhängigkeit von ihrer Position auf dem Spielfeld zu analysieren.

1.4.2 Spezifische Zielsetzungen

• Beschreiben Sie die Unterschiede in der horizontalen Geschwindigkeitskapazität der Spieler in Abhängigkeit von ihrer jeweiligen Position auf dem Spielfeld.

• Bestimmen Sie die Zusammenhänge zwischen der Geschwindigkeit, dem Gewicht und der Größe der Spieler.

6

- Analyse der Auswirkungen von Position, Gewicht und Größe auf die Geschwindigkeitskapazität der Spieler.

- Berechnen Sie die Durchschnittswerte für die verschiedenen Gruppen, bereinigt um Gewicht und Größe.

1.5 HYPOTHESE

Mit dieser Studie sollen die folgenden Hypothesen überprüft werden:

- H1 : Es gibt signifikante Unterschiede zwischen Spielern auf verschiedenen Positionen.

- H2: Angriffsspieler sind die schnellsten.

- H3: Faktoren wie Gewicht und Größe haben nur einen geringen Einfluss auf die Geschwindigkeitskapazität.

2 LITERATURÜBERBLICK

2.1 FUSSBALL: ALLGEMEINE MERKMALE DES SPORTS

Fußball ist eine Sportart, die auf der ganzen Welt gespielt wird und zu deren herausragenden Eigenschaften körperliche und technische Qualitäten wie Geschicklichkeit, Kraft, Stärke und Schnelligkeit gehören. In Brasilien wurde diese Sportart Mitte des 19. Jahrhunderts von Charles Miller aus England eingeführt, der 1894 die ersten Bälle und Trikots mitbrachte (WITTER, 2003). Da Fußball landesweit so beliebt und begehrt ist, wird er von vielen Kindern immer wieder als Sportart gewählt. Die Gründe für diese Wahl sind vielfältig, wie z. B. die einfache Tatsache, einen Sport auszuüben, das Vergnügen oder die Freude, die er mit sich bringt, und vielleicht der soziale *Status* (PAIM, 2001). Wenn es um die Frage des *"Status" geht,* hat der Fußball im Leben der Jugendlichen einen sehr starken Charakter. Die Magie und der Zauber, den er ausstrahlt, sowie die vielen Träume, die er bietet, führen dazu, dass junge Anfänger sehr hohe Träume haben, die sie manchmal von der realen Gesellschaft entfernen (PIMENTA, 2008).

Dieser soziale Aufstieg in Verbindung mit den Medien, dem wirtschaftlichen Aufschwung und dem *Glamour*, den der Fußball bietet, erfüllt die Anfänger mit einem hohen Maß an Visionen, die sie sehr hartnäckig für diesen Traum machen, der jedoch nicht immer erreicht wird (PIMENTA, 2008). Was die "Spiel"-Merkmale betrifft, so hat der Fußball mehrere, z. B. physische und technische. Eines der wichtigsten Merkmale für die Entwicklung des Spiels, das nicht mit den physischen Faktoren des Sports zusammenhängt, ist jedoch das taktische Profil, das für die Verteilung der Spieler auf dem Spielfeld entsprechend ihren technischen Standards verantwortlich ist. Wenn sie von den Spielern verstanden werden, können die taktischen Grundlagen dazu beitragen, dass die Mannschaft ihre technischen/taktischen Prinzipien im Spiel erheblich verbessert (COSTA *et al.*, 2009).

Ein sehr starker und wichtiger Faktor, der nicht mit den physischen und technischen Qualitäten zusammenhängt, aber ebenfalls von großer Bedeutung ist, ist der psychologische und mentale Charakter eines jeden Sportlers. Spieler, die über psychologische Eigenschaften wie Selbstvertrauen, Motivation, positives Denken und eine wettbewerbsorientierte Einstellung verfügen, sind in der Regel Sportler mit einem höheren

Wettbewerbsniveau (MAHL; RAPOSO, 2007). Ein weiteres interessantes Merkmal dieses mentalen Faktors ist, dass, wie bei den physischen und technischen Faktoren, verschiedene Gruppen von Spielern unterschiedliche Motivationsniveaus aufweisen. Die Spieler des Mittelfelds haben ein höheres psychologisches und mentales Motivationsniveau, während die Spieler der Defensivgruppe eine höhere Motivation in Bezug auf positives Denken aufweisen (MAHL; RAPOSO, 2007). Daraus lässt sich ableiten und analysieren, dass der Fußball eine umfassende Sportart ist und dass er sicherlich eine nationale Leidenschaft ist, die eine große Faszination auf seine Fans und Anhänger ausübt, weshalb er nicht nur ein Sport ist, sondern auch eine große finanzielle Investition darstellt (REILLY, 2000). Daher nimmt die Suche nach wissenschaftlichen Verbesserungen und die Erschließung neuer Ressourcen im Hinblick auf bessere Ergebnisse zu und ist heute ein sehr starkes Merkmal dieses Sports (CUNHA; BINOTTO; BARROS, 2001).

2.2 KÖRPERLICHE FÄHIGKEITEN IM FUßBALL

Fußball ist eine Mannschaftssportart, bei der es verschiedene Positionsaufteilungen innerhalb einer Mannschaft gibt. Folglich haben die Spieler auf den verschiedenen Positionen auf dem Spielfeld unterschiedliche Qualitäten und körperliche Kapazitäten in Bezug auf die aerobe Fitness, die in dieser Sportart sehr gefragt ist (BALIKIAN et al, 2002). Es ist bekannt, dass die Athleten in dieser Sportart während eines Spiels viele aerobe Übungen machen, aber auch anaerobe Übungen wie Springen, Hüpfen und schnelle Richtungswechsel werden bei Fußballspielen häufig eingesetzt, und aus diesem Grund sollte das Training für diese Sportart auch sehr stark auf dieses Segment des Trainings ausgerichtet sein (ASANO; BARTOLOMEU NETO; OLIVEIRA JÙNIOR, 2009).

Um Funktionen wie Springen, *Sprinten* und schnelle Richtungswechsel erfolgreich ausführen zu können, ist Muskelkraft erforderlich. Da der Verlauf eines Spiels sehr unvorhersehbar ist, kann zum Beispiel ein Stürmer während der 90 Minuten des Spiels mehrmals *sprinten*, und auf diese Weise wird die Muskelexplosion zu einer der entscheidenden physischen Kapazitäten in einem Spiel und in der Karriere eines Sportlers (PUPO et al., 2010). Jeder weiß, dass Geschicklichkeit und Technik für den Erfolg in diesem Sport von grundlegender Bedeutung sind, um einen Spieler zu unterscheiden, aber heutzutage werden diese Eigenschaften manchmal mehr berücksichtigt als die Technik.

Dies ist darauf zurückzuführen, dass zu verschiedenen Zeiten die physischen Eigenschaften der Spieler bei der Bestimmung ihrer Leistung in einem Spiel wichtiger waren als ihre technischen. Wenn es an Spielern mit großem technischen Potenzial mangelt, werden Kraft und körperliche Fähigkeiten stärker berücksichtigt (FELTRIN; MACHADO, 2009).

Anhand all dieser körperlichen Merkmale, die beim Fußball eine Rolle spielen, wird deutlich, wie wichtig das Fußballtraining von der Vorsaison bis zur Wettkampfphase ist, um den besten Plan für die Spieler zu finden (TEIXERA *et al.*, 1999).

2.3 GESCHWINDIGKEIT: DEFINITION, KLASSIFIZIERUNG UND ANWENDUNG IM FUSSBALL

2.3.1 Geschwindigkeit im Fußball

Fußball ist eine äußerst komplexe Sportart, die eine Reihe von körperlichen und technischen Fähigkeiten erfordert, um erfolgreich zu sein, und die mit einer Reihe von Aktionen verbunden ist, die während eines Spiels gleichzeitig stattfinden, wie Springen, Schießen und Laufen (HELGERUD *et al.*, 2001). Was die körperlichen Eigenschaften betrifft, so darf man die Schnelligkeit nicht außer Acht lassen, die für diesen Sport grundlegend ist. Im Fußball wird sie von den Spielern im Training und im Wettkampf unterschiedlich eingesetzt. Studien haben gezeigt, dass der Vergleich zwischen der im Training angewandten Geschwindigkeit und der im Wettkampf angewandten Geschwindigkeit unterschiedlich ausfällt. Im Training zeigt sich, dass die Spieler in der zweiten Hälfte der Trainingseinheit, in der spezifische Trainingseinheiten auf dem Feld und Spielsimulationen durchgeführt werden, eine höhere Geschwindigkeit aufweisen. Was die Geschwindigkeit im Wettkampf betrifft, so hängt der Unterschied zwischen der ersten und der zweiten Hälfte des Spiels mit der Positionierung auf dem Spielfeld zusammen. Es ist festzustellen, dass die Spieler in der Verteidigung und im Mittelfeld von der ersten zur zweiten Spielhälfte ein höheres Tempo an den Tag legen, während die Angriffsspieler im Verhältnis zu diesen Phasen einen leichten Rückgang aufweisen (CAIXINHA; SAMPAIO; MIL-HOMENS, 2004).

Wenn es um Schnelligkeit im Fußball geht, darf ein Element nicht außer Acht gelassen werden, denn es steht in direktem Zusammenhang mit der Geschwindigkeit: die Muskelkraft der unteren Gliedmaßen. Da die Geschwindigkeit der Spieler je nach ihrer Position auf dem Spielfeld unterschiedlich sein kann, ist auch die Muskelkraft nicht anders. Studien zeigen, dass Innenverteidiger, Außenverteidiger, Mittelfeldspieler und Stürmer unterschiedliche Muskelstärken haben, die von der Gesamtmuskelstärke bis zur Maximalkraft reichen (GOULART; DIAS; ALTIMARI, 2007). Neben der Kraft hängen mehrere Faktoren mit der Geschwindigkeit eines Spielers zusammen, aber es ist bekannt, dass die Kraft extrem wichtig ist. Aus diesem Grund werden immer mehr Krafttrainingseinheiten auf die Steigerung der Schnelligkeit von Fußballspielern ausgerichtet und eingesetzt (MOREIRA; BAGANHA, 2007).

2.3.2 Reaktionsgeschwindigkeit und Wahrnehmung

Die Reaktionsgeschwindigkeit ist eine der verschiedenen Arten und Klassifizierungen, die im Fußball und an vielen anderen Stellen zu finden sind, wenn es um diese körperliche Eigenschaft geht (VASCONCELOS-RAPOSO, 2005). Es handelt sich um eine Eigenschaft, die während des gesamten Spiels gefordert wird und für diesen Sport von grundlegender Bedeutung ist. Man kann sagen, dass sie nicht mit dem körperlichen Training, sondern vielmehr mit dem zentralen Nervensystem des menschlichen Körpers zusammenhängt, da sie ein hohes Maß an Denkvermögen erfordert, um realisiert zu werden (GOMES; SOUZA 2008). Unter den Arten von Reaktionsgeschwindigkeiten, die es in dieser Sportart gibt, kann man sagen, dass die einfache Reaktionsgeschwindigkeit eher mit einem einzelnen, bereits erwarteten Reiz verbunden ist und daher vor der komplexen Reaktionsgeschwindigkeit trainiert wird, die bereits stärker im Fußball involviert ist, weil sie in einer sehr häufigen Situation während eines Spiels auftritt, nämlich dann, wenn mehrere verschiedene Reize und Situationen während eines Spiels oder einer Trainingseinheit auftreten und der Sportler in kürzester Zeit die beste Aktion und das beste Verhalten in genau diesem Moment wählen muss (ARRUDA; BOLANÔS, 2010.). Das Training der Reaktionsgeschwindigkeit kann in diese Kategorien unterteilt werden. So zielt das einfache Training auf eine deutliche Verbesserung der Reaktionsergebnisse ab, wobei sich die Methodik auf die Wiederholungsarbeit und das Reagieren auf plötzlich auftretende Signale konzentriert. Ein Faktor, der einen großen Einfluss auf diese Art von Training hat, ist die Konzentration und Aufmerksamkeit, da dies einen entscheidenden Einfluss auf die Fähigkeit des Sportlers hat, auf das Befehlssignal zu reagieren (GOMES; SOUZA, 2008).

Die komplexe Reaktionsgeschwindigkeit verlangt von den Spielern, dass sie in Situationen, die Elemente wie Wahrnehmung und Antizipation beinhalten, während eines Spiels schnelle Entscheidungen treffen (ARRUDA; BOLANÔS, 2010). Da während eines Spiels ständig unerwartete Situationen auftreten, in denen die Spieler so schnell wie möglich reagieren müssen, ist ihre Fähigkeit sehr gefragt und muss gut trainiert werden, um sie zu verbessern und zu perfektionieren. Durch das Training wird der Spieler in die Lage versetzt, auf das Hauptobjekt eines Spiels, den Ball, zu reagieren. Faktoren wie die Erhöhung der Geschwindigkeit des Balls im Spiel, plötzliche Richtungswechsel, die Annahme des Balls auf verschiedene Arten und die Reaktion auf die Annahme des Balls auf engem Raum sind reale Spielsituationen, die trainiert werden, um die Reaktionsgeschwindigkeit des Spielers zu verbessern (GOMEZ; SOUZA, 2008). Nach Bescov und Morozov *in Anlehnung an* Gomez und Souza (2008) hängt der Erfolg eines Spielers beim Abfangen und Abwehren des Balls von seiner Fähigkeit ab, dem Weg des Balls zu folgen. Je länger der Spieler in der Lage ist, diesem Weg zu folgen, desto effizienter wird er bei diesen Aktionen sein. Somit kann man sagen, dass die Reaktionsgeschwindigkeit nicht nur schnell und korrekt sein muss, sondern auch mit der Entscheidungsfindung kombiniert werden muss, denn der Erfolg eines Spielzugs hängt von der Reaktion auf das Geschehen in einem bestimmten Spielzug und der Entscheidung über die beste Option für diesen Spielzug ab, die in diesem Moment getroffen werden muss (GOMEZ; SOUZA, 2008).

Die Wahrnehmungsgeschwindigkeit ist eine Geschwindigkeit, die auch im Fußball von großer Bedeutung ist, da sie es dem Athleten ermöglicht, etwas wahrzunehmen, das im Spiel passieren wird, und folglich die beste Entscheidung zu treffen (GOMEZ; SOUZA, 2008). Nach Poulton *apud* Gomez und Souza (2008) kann die Wahrnehmung (Antizipation) in drei verschiedene Typen unterteilt werden: affektiv, d.h. eine motorische Reaktion, die die Zeit angibt, die für die Ausführung einer technischen Geste benötigt wird; rezeptiv, d.h. eine Art der Wahrnehmung (Rezeption), die erforderlich ist, um eine bestimmte Bewegung auszuführen, bevor eine andere ausgeführt wird; und schließlich perzeptiv, d.h. eine nicht-gegenwärtige Art, da der Ausführende eine zukünftige Wahrnehmung dessen haben muss, was geschehen wird.

2.3.3 Lauf- und Gehgeschwindigkeit

Während eines Fußballspiels, das im Durchschnitt 90 Minuten mit einer Halbzeitpause dauert, beansprucht ein Sportler ständig seine Schnelligkeit und sein Startvermögen. Dazu braucht er eine Ausdauerschnelligkeit, d. h. die Fähigkeit des Spielers, die Ermüdung während des Spiels durch den Einsatz seiner submaximalen oder maximalen Kapazität zu überwinden (VASCONCELOS-RAPOSO, 2005). Die zyklische Bewegungsgeschwindigkeit ist eine komplexe Reihe von Aktionen, die während eines Spiels zu motorischen Gesten werden. Diese Gesten können sich aus Elementen wie Beschleunigung, Höchstgeschwindigkeit und Bewegungsrhythmus zusammensetzen (ARRUDA; BOLANÔS, 2010). Nach Bosco (1996) ist die Beschleunigungsgeschwindigkeit in diesem Zusammenhang für einen Fußballspieler von immenser Bedeutung, da es sich dabei um die Fähigkeit handelt, die der Spieler haben muss, um seine Fähigkeit aufrechtzuerhalten, sich mit der gleichen Geschwindigkeit und in der kürzest möglichen Zeit durch einen Raum zu bewegen.

Eine andere Art von Geschwindigkeit, die ein äußerst wichtiger Bestandteil dieser Bewegungs- und Lauftechnik ist, aber aus Gründen der Ausdauer nicht während der 90 Minuten zum Einsatz kommt, ist die Höchstgeschwindigkeit des Spielers, d. h. die Kombination aus Geschwindigkeit und Kraft, die der Spieler in einem bestimmten Raum erreichen kann, um sich so schnell wie möglich zu bewegen (VASCONCELOS-RAPOSO, 2005). Eine weitere Geschwindigkeit, die diesen Bereich der zyklischen Verschiebung ausmacht, ist die abnehmende Geschwindigkeit, die in den letzten Momenten der Beschleunigungsgeschwindigkeit auftritt. Dies ist der Moment, in dem der Athlet nicht mehr die gleiche Geschwindigkeit und den gleichen Beschleunigungsrhythmus beibehalten kann und natürlich beginnt, während des Rennens zu verlangsamen.

Es ist bekannt, dass eine hohe (maximale) Laufgeschwindigkeit für einen Athleten von größter Bedeutung ist, aber als Sportart mit langer Dauer ist es für den Athleten nicht möglich, die gesamte Dauer des Spiels auf seinem höchsten Niveau der maximalen Beschleunigung und einfachen Geschwindigkeit zu laufen. Es ist auch bekannt, dass der Spieler während eines Spiels verschiedene Arten von Bewegungen ausführt, darunter hochintensive, kurzzeitige Bewegungen zu verschiedenen Zeiten während des Spiels, ohne

13

sich vollständig erholen zu können, und meist Bewegungen, die länger dauern, aber weniger intensiv sind (GOMEZ; SOUZA, 2008).

2.3.4 Geschwindigkeit und technisches Geschick

Neben der Schnelligkeit sind eine Reihe von technischen Fähigkeiten für einen Fußballer von entscheidender Bedeutung. Grundlegende Elemente, die unabhängig von der Aufstellung der Spieler sind und die zumindest in Ansätzen beherrscht werden müssen, damit sich ein Spiel entwickeln kann. Diese Elemente sind Passen, Kontrollieren, Dribbeln, Schießen, Tackling und so weiter. Zusammen mit der Schnelligkeit und anderen physischen Faktoren sind es diese Grundelemente, die einen Fußballer ausmachen (SCAGLIA, 1996). Es handelt sich um eine Reihe von Elementen, die die Spieler individuell ausführen müssen, d.h. wenn sie eine solche Grundlage ausführen, haben sie keine Hilfe von einem Mitspieler (ARRUDA; BOLANÔS, 2010).

Eine der schwierigsten und schönsten technischen Fertigkeiten im Fußball, die von vielen als das Wesen und die Darstellung des Sports bewundert wird und die genau das ist, was einen normalen Spieler von einem anderen unterscheidet, ist die technische Grundlage des Dribblings (PRATES, 2005). Das Dribbling ist eine technische Fertigkeit, die ein Fußballspieler einsetzen kann, wenn er in Ballbesitz ist und sich in einer Situation befindet, in der er keine andere Wahl hat, als den Ball an einen Mitspieler weiterzugeben oder auf ein Tor zu schießen. Sie ist jedoch nicht einfach auszuführen, da der Spieler, der die Aktion ausführt, in der Lage sein muss, den Gegner mit Ballkontrolle zu passieren, während der markierende Spieler (Gegner) lediglich die Aufgabe hat, den angreifenden Spieler in einem Raum auf dem Spielfeld zu markieren (LA84, 2008). Nach Arruda und Bolanos (2012) kann das Dribbling als einfach und komplex definiert werden. Ein einfaches Dribbling liegt vor, wenn der Spieler seinen Gegner mit einer Berührung auf beiden Seiten passiert, *während ein* komplexes Dribbling vorliegt, wenn der Spieler seinen Gegner mit einer Reihe von Berührungen passiert oder den Gegner mit einer schwierigeren Bewegung, die als Finte bezeichnet wird, überwindet.

Eine weitere wichtige Grundlage ist der Schuss, denn mit ihm wird das Hauptziel des Fußballs, nämlich das Tor, am häufigsten erreicht. In manchen Fußballspielen sind die

14

Torchancen rar, daher muss der Spieler einen guten Schuss haben, damit diese wenigen Chancen nicht während des gesamten Spiels vergeudet werden. Für einen guten Schuss braucht der Spieler eine gute Technik, Präzision und Konzentration bei der Ausführung (LA84, 2008). Er wird nicht immer korrekt ausgeführt, da der Ball durch einen Körper im Spiel oder einfach durch einen Abstoß in seiner Flugbahn verändert werden kann. Der Spieler, der den Ball ausführt, muss über ein gutes peripheres Sehvermögen verfügen und in der Lage sein, zu entscheiden, was er tun will, wenn er den Ball ausführt. Diese Schüsse können aus großer oder kleiner Entfernung ausgeführt werden, sie können mit verschiedenen Teilen des Fußes ausgeführt werden, z. B. mit der Fußspitze oder der Innenseite, sie können unterschiedlich hoch sein, z. B. hoch oder niedrig, und sie können gerade oder sogar mit gekrümmten Effekten ausgeführt werden, was Torhütern größere Schwierigkeiten bereitet. Die Komplexität des Balltreffens ist daher bemerkenswert (ARRUDA; BOLANÔS, 2012).

Die körperlichen Elemente wie Schnelligkeit und Ausdauer sind für die Spieler von entscheidender Bedeutung, denn ohne sie können sie ein Spiel nicht überstehen. Die technischen Elemente wie Dribbeln und Schießen sind jedoch von größter Bedeutung, da sie die Spieler zum Torerfolg führen (LA84, 2008).

2.4 ANAEROBE LEISTUNG VON FUSSBALLSPIELERN

Fußball ist ein Sport, bei dem es Momente mit aerober und anaerober Belastung gibt. Der Sportler kann Zeiten haben, in denen er kurze, hochintensive *Sprints* laufen muss, oder Zeiten, in denen er auf dem Spielfeld trabt und manchmal sogar geht (DENADAI *et al.,* 2009).

Das anaerobe Profil von Fußballspielern muss eingehend untersucht werden, um es richtig zu verstehen. Genau wie Geschwindigkeit, Technik und andere Elemente variiert das anaerobe Profil von Fußballspielern je nach ihrer Rolle und Position auf dem Spielfeld. Ein Beispiel dafür ist, dass die VO2max-Werte von Offensivspielern im Vergleich zu Defensivspielern niedriger sind (SANTOS, 1999). Nach Weineck *apud* Santos (1999, S.10) ist Schnelligkeit in verschiedener Hinsicht erforderlich, sowohl in Bezug auf die Reaktion als auch auf die Richtungswechsel, und schnelle Bewegungen erfordern vom Spieler eine gute anaerobe Kapazität, sowohl im laktischen als auch im alaktischen Bereich. Dies ist auf die Tatsache zurückzuführen, dass ein Spieler mit einer durchschnittlichen Geschwindigkeit laufen kann.

10 km während eines Spiels und ihre Energiequelle kann von ATP-CP während kurzer, hochintensiver Läufe bis zu aeroben Energiequellen in anderen Situationen des Spiels reichen (DENADAI et al., 2009).

Nach Williams (1996) neigen Sportler, die Sportarten mit langer Belastungsdauer betreiben, dazu, eine hohe aerobe Kapazität und eine hohe anaerobe Schwelle zu haben, wodurch sich das kardiorespiratorische System entwickelt. Da es sich um eine so komplexe Sportart handelt, bei der es darum geht, zu wissen, welche Energiequellen von den einzelnen Spielern während eines Spiels genutzt werden, weil es so viele verschiedene Situationen während eines Spiels gibt, wäre es ideal, eine Studie über die physiologische Seite entsprechend den verschiedenen Positionsgruppen, die es in der Mannschaft gibt, durchzuführen, damit ein spezifischeres Training durchgeführt werden kann, um jeden Bereich in Bezug auf Physiologie und Energiequellen zu verbessern (BALIKIAN et al., 2002).

2.5 TRAININGSMETHODEN IM FUSSBALL

Das Training ist entscheidend für den Erfolg eines Spielers und damit einer Fußballmannschaft. Ein komplettes Training muss alle Elemente enthalten, die in einem Spiel erforderlich sind: taktische Elemente wie Positionierung, technische Elemente wie Passen und Schießen und physische Elemente wie Kraft und Schnelligkeit. Aus diesem Grund sollte ein Fußballtraining mehrere verschiedene Methoden beinhalten, damit die Spieler alles optimal aufnehmen und verarbeiten können (LA84, 2008). Wie bei vielen anderen Sportarten muss auch beim Fußballtraining eine angemessene Periodisierung vorgenommen werden. Dazu ist eine kurz-, mittel- und langfristige Planung erforderlich, damit die gewünschten Ergebnisse in der erwarteten Zeit erreicht werden können (MIRELLA, 2001).

Eine der wichtigsten Anforderungen im Fußball ist die körperliche Leistungsfähigkeit.

Daher gibt es verschiedene Trainingsmethoden für das Training der körperlichen Leistungsfähigkeit (Ausdauer, Kraft, Schnelligkeit usw.). Die Ausdauer ist während eines Spiels von grundlegender Bedeutung und kann entweder aerob sein, d. h. die Fähigkeit des Sportlers, Belastungen über einen längeren Zeitraum hinweg standzuhalten, oder anaerob, d. h. die Fähigkeit, Aktionen mit hoher Intensität wie Explosionen und Sprünge auszuführen. Es gibt vier Methoden für das Ausdauertraining, die in die Kategorien Dauer-, Intervall-, Wiederholungs- und Spielmethode eingeteilt werden (WEINECK, 2000). Im Fußball gibt es drei Haupttypen der Kraft und deren Unterteilungen, nämlich Schnellkraft, Maximalkraft und Kraftausdauer (GROSSER; EHLENZER, 1984, LUTHMANN; ANTRETTER, 1987 *apud* WEINECK, 2000). Ihre Untergliederungen sind Maximalkraftausdauer, Schnellkraftausdauer, Explosivkraft und Anfangskraft. Bei den Methoden des Krafttrainings ist es nicht so einfach herauszufinden, welche Methode für die Anfangskraft geeignet ist, da man zunächst seine Trainingsziele und -bedingungen kennen muss, um die notwendige Methodik anwenden zu können (WEINECK, 2000).

Damit Trainer und Spieler ein gutes Training absolvieren können, brauchen sie eine gute Infrastruktur. Diese besteht aus Bällen, Kegeln, einer physischen Struktur und allem Material, das zum Üben benötigt wird. Damit lassen sich alle Anforderungen, die der Fußball stellt, wie körperliche, technische und taktische Fähigkeiten, erfüllen. Abschließend kann man sagen, dass ein Fußballer über alle Elemente verfügen muss, wie z. B. mentale Fähigkeiten, die auf verschiedene Situationen vorbereitet sind, ein taktisches Verständnis des Spiels, eine verfeinerte Technik und eine gute körperliche Leistungsfähigkeit (BANGSBO, 1997).

3 METHODISCHE VERFAHREN

3.1 STUDIENAUFBAU

Es handelt sich um eine deskriptive vergleichende Studie (THOMAS & NELSON, 1996) mit einem quantitativen Ansatz. Ihr Zweck ist es, verschiedene Gruppen in Bezug auf ein bestimmtes Merkmal (Variable) zu vergleichen, um dessen mögliche Auswirkungen zu überprüfen. In diesem Fall handelt es sich um einen Vergleich der Geschwindigkeit zwischen Feldfußballspielern je nach ihrer Position, um zu sehen, ob es signifikante Unterschiede zwischen den Sektoren gibt.

3.2 GRUNDGESAMTHEIT UND STICHPROBE

Die Grundgesamtheit der Untersuchung bestand aus den regulären Schülern der Schule Zico 10 Unipê, die zum Zeitpunkt der Untersuchung 150 Probanden umfasste, von denen 25 der Kategorie der unter 15-Jährigen angehörten. Die Stichprobe wurde so ausgewählt, dass für jede der fünf definierten Positionen 4 Schüler nach dem Zufallsprinzip ausgewählt wurden, insgesamt also 20 Personen. Die einfache Zufallsstichprobe zeichnet sich dadurch aus, dass jedes Element die gleiche Chance hat, ausgewählt zu werden. Technisch gesehen erfolgte die Auswahl nach dem Modell der Wahlurne in der Weise, dass den Spielern in jeder Gruppe eine Nummer zugeteilt wurde und dann 4 Nummern von einem Helfer gezogen wurden.

3.3 EINSCHLUSSKRITERIEN

Sie nehmen seit mindestens 3 Monaten regelmäßig an den Trainingseinheiten der Zico 10 Unipê-Schule teil und gehören zur Kategorie U15 (14 und 15 Jahre).

3.4 AUSSCHLUSSKRITERIEN

Athleten mit weniger als 3 Monaten regelmäßiger Teilnahme an der Zico 10 Unipê Schule und/oder über oder unter dem festgelegten Alter.

3.5 STUDIENVARIABLEN UND DATENERHEBUNGSINSTRUMENTE

Nach dem obigen Modell wurden Daten für die folgenden Variablen erhoben:

> Position auf dem Spielfeld (nominale Variable mit den fünf Kategorien: Innenverteidiger, Außenverteidiger, Mittelfeldspieler und Stürmer);

> Geschwindigkeit (quantitative Variable);

> Kontrollvariablen: Gewicht und Größe (quantitative Variablen).

Die Daten wurden auf dem Fußballplatz des Universitätszentrums Joao Pessoa - Unipê erhoben, wo die Freiwilligen unter Anleitung des Forschers Geschwindigkeitstests durchführten. Als Instrumente zur Durchführung der Untersuchung wurden Chronometer (zur Zeitmessung), mittelgroße Kegel (zur Markierung der Start- und Zielentfernung), ein Stadiometer (zur Messung der Körpergröße) und eine Digitalwaage (zur Gewichtsmessung) verwendet.

3.6 STUDIENPUNKTE UND PRoToKoL

Die Studienteilnehmer wurden zunächst einer anthropometrischen Untersuchung unterzogen, bei der ihr Gewicht und ihre Größe gemessen wurden. Dann wurde zur Messung der Geschwindigkeit das von Matsudo (1987) vorgeschlagene 50-Meter-Testprotokoll angewandt, bei dem es sich um einen anaeroben alaktischen Test handelt. Die Standardisierung des Tests wird von Matsudo (1987) beschrieben. Es handelt sich um einen Maximaltest, d. h. er muss mit maximaler Geschwindigkeit durchgeführt werden und die Ziellinie muss ebenfalls mit maximaler Geschwindigkeit aus der Ausgangsposition überquert werden, wobei die Beine anteroposterior gespreizt sind und der vordere Fuß so nahe wie möglich an der Linie steht. Der Test wurde so durchgeführt, dass zwei mittelgroße Kegel in dem im Protokoll vorgeschlagenen Abstand aufgestellt wurden und die Teilnehmer sich auf das Kommando des Ausbilders vorbereiteten und die Ausgangsposition einnahmen. Auf das Kommando "Jà" starteten die Teilnehmer mit maximaler Geschwindigkeit von der Ausfahrt zur Ankunft.

Die Datenerhebung verlief ohne Probleme oder Störungen und mit hoher Motivation aller Teilnehmer. Wir können daher davon ausgehen, dass die Daten sehr zuverlässig und valide waren.

3.7 STATISTISCHE BEHANDLUNG

Zur statistischen Aufbereitung der im Rahmen dieser Untersuchung gesammelten Daten wurden verschiedene, in der aktuellen Literatur bekannte Techniken angewandt, um die formulierten Hypothesen zu prüfen, wie z. B.:

• Deskriptive Analyse zur Berechnung der **Maße der zentralen Tendenz** (Mittelwert und Median), der **Standardabweichung**, der Mindest- und Höchstwerte für alle quantitativen Variablen (Geschwindigkeit, Gewicht, Größe).

• Analyse der **linearen Korrelation** zwischen diesen Variablen anhand des Pearson-Koeffizienten (r), der die Intensität und Richtung der Beziehung zwischen den Variablen angibt. Er kann zwischen -1 und +1 variieren (TOLEDO; OVALLE, 1995, S.413), wobei ein r≥ |0,6 | auf eine starke Beziehung hinweist. Die ±-Zeichen geben an, ob die Korrelation eine positive oder negative Tendenz aufweist.

• **Die multivariate Analyse zielt darauf ab**, die komplexen Beziehungen zwischen den untersuchten Variablen zu analysieren (TOLEDO; OVALLE, 1995, S.412). Die verwendeten multivariaten Modelle werden im Folgenden mit ihren wesentlichen Merkmalen zusammengefasst.

3.7.1 Das allgemeine lineare Modell (GLM)

In der statistischen Analyse wird das allgemeine lineare Modell (GLM) häufig verwendet, um die kausale Beziehung zwischen einer (oder mehreren) abhängigen Variablen und einer Reihe von unabhängigen Variablen zu analysieren. Im Allgemeinen wird dieses Modell durch die folgende Formel ausgedrückt:

$$y_{ij} = X\beta + \varepsilon$$

wobei Y eine Zufallsvariable darstellt, die die abhängige Variable (DV) ist, und X ein Vektor von k unabhängigen Variablen (VI), die einen Teil der in Y enthaltenen Variabilität erklären. Der Term ε steht für den Fehler, d. h. den Teil der Variabilität, der nicht durch das Modell erklärt wird (Turkman & Silva, 2000, S. 3). Der Term b ist der Vektor der unbekannten Parameter, die auf der Grundlage der verfügbaren Daten zu schätzen sind.

GLM umfasst verschiedene spezielle Modelle wie Regressionsanalyse, einseitige Varianzanalyse (ANOVA), Kovarianzanalyse (ANCOVA) und Diskriminanzanalyse. Im Rahmen dieser Studie sind ANOVA und ANCOVA die Modelle, die den Forschungsinteressen und der Struktur der Daten entsprechen.

3.7.2 Analyse der Varianz (ANOVA)

Dieses Modell ist durch eine Datenstruktur gekennzeichnet, bei der die abhängige Variable Y kontinuierlich und die abhängigen Variablen kategorial sind.

Bei der ANOVA ist der Forscher in der Regel daran interessiert zu erfahren, ob sich die durchschnittlichen RV-Ergebnisse, die unter den einzelnen Versuchsbedingungen erzielt wurden, signifikant unterscheiden. Dazu wird ermittelt, wie viel der Variation in DV auf die Unterschiede **zwischen den** unter den Versuchsbedingungen erzielten Ergebnissen zurückzuführen ist, und dies mit dem Fehlerterm verglichen, der auf die Variation in den abhängigen Ergebnissen **innerhalb der** einzelnen Versuchsbedingungen zurückzuführen ist.

Es ist von Interesse zu wissen, welcher Anteil der VD-Variationen auf die Manipulation der VI(s) zurückgeführt werden kann (Silva da, 2003, S.5).

Algebraisch wird das einseitige ANOVA-Modell durch die folgende Grundgleichung dargestellt:

$$y_{ij} = \mu + \alpha_j + \varepsilon_{ij}$$

In dem:

μ ist die konstante Wirkung (der allgemeine Durchschnitt)

y_{ij} ist die *Punktzahl* des i-ten Elements in der j-ten Behandlung (Gruppe) im VD

α_j ist der Effekt der Behandlungsstufe oder -gruppe

ε_{ij} ist der Fehler (Restwert)

Dieses *Einwegmodell* entspricht der vorliegenden Untersuchung, da wir eine quantitative abhängige Variable (Geschwindigkeit) und einen kategorialen Faktor (Positionierung auf dem Spielfeld) haben.

3.7.3 Analyse der Kovarianz (ANCOVA)

Wie bei der ANOVA ist auch beim ANCOVA-Modell die abhängige Variable Y kontinuierlich. Es enthält jedoch nicht nur unabhängige Variablen vom kategorialen Typ, sondern auch vom quantitativen Typ. Diese werden als Kovariaten (CV) oder Begleitvariablen bezeichnet.

Diese quantitativen Variablen, die als Kovariaten (auch Begleit- oder Kontrollvariablen) bezeichnet werden, stellen Varianzquellen dar, von denen man annimmt, dass sie die DV beeinflussen, die aber nicht durch die experimentellen Verfahren kontrolliert wurden.

ANCOVA bestimmt die Kovariation (Korrelation) zwischen den Kovariaten und dem DV und entfernt dann die mit den Kovariaten verbundene Varianz aus den DV-Ergebnissen, bevor festgestellt wird, ob die Unterschiede zwischen den Mittelwerten in den Versuchsbedingungen statistisch signifikant sind" (Silva da, 2003, S.5).

In diesem Sinne kombiniert die ANCOVA die Varianzanalyse mit dem klassischen Modell der Regressionsanalyse, um die Wirkung des Faktors (VI) korrigiert um die Wirkung der Kovariaten (CV) zu messen. Das ANOVA-Modell wird daher durch die folgende Gleichung dargestellt:

$$y_{ij} = \mu + \alpha_j + \beta(x_{ij} - \overline{x}) + \varepsilon_{ij}$$

In dem:

μ ist die konstante Wirkung (der allgemeine Durchschnitt)

y_{ij} ist die *Punktzahl* des i-ten Elements in der j-ten Behandlung (Gruppe) im VD

x_{ij} ist die *Punktzahl* des i-ten Elements in der j-ten Behandlung (Gruppe) in der VC

α_j ist der Effekt der Behandlungsstufe oder -gruppe

$\overline{x}$ ist der durchschnittliche Lebenslauf

β ist der Regressionskoeffizient

ε_{ij} ist der Fehler (Restwert)

In Anbetracht der Tatsache, dass die Beziehung zwischen Position und Geschwindigkeit durch Variablen wie Gewicht und Größe beeinflusst werden kann, haben wir diese als CVs einbezogen und eine ANCOVA gemäß dem oben beschriebenen Modell durchgeführt.

Alle in dieser Studie erhobenen Daten wurden mit dem Programm SPSS, Version 18.0 für Windows, verarbeitet.

4 Ergebnisse und Diskussion

4.1 Allgemeine Merkmale der Stichprobe

Der Geschwindigkeitstest und die anthropometrischen Untersuchungen wurden an n=20 männlichen Spielern im Alter zwischen 14 und 15 Jahren (U15) aus der Zico 10 - UNIPÊ Fußballschule durchgeführt.

Die Schule Zico 10 Unipê wurde am 15. August 2010 in der Stadt Joao Pessoa gegründet. Die Schule hat mehr als 25.000 Schüler in 16 brasilianischen Bundesstaaten, was sie zu einem der größten Fußballschulnetzwerke der Welt macht. Zico 10 ist ein Projekt, das sich an Kinder und Jugendliche im Alter von 5 bis 17 Jahren wendet und darauf abzielt, sie durch Sport zu sozialisieren. Es ist ein Projekt, das darauf abzielt, die technischen, physischen und taktischen Fähigkeiten der Schüler zu entwickeln und zu verbessern, sowie grundlegende Werte wie Disziplin, Solidarität, Engagement und Bürgersinn zu vermitteln. Heute zählt die Zico 10 UNIPÊ-Schule durchschnittlich 150 Schüler, die jeden Samstag von 7.30 bis 11.30 Uhr in Begleitung von ausgebildeten Lehrern am Training teilnehmen.

Einige Schüler der Schule sind bei verschiedenen Wettbewerben auf kommunaler und sogar regionaler Ebene erfolgreich, wenn die Mannschaft an Fußballwettbewerben und -veranstaltungen teilnimmt.

Im Folgenden werden die wichtigsten Ergebnisse der Untersuchung systematisch dargestellt, immer unter Berücksichtigung der in Kapitel 1.5 dieser Arbeit formulierten Hypothesen.

4.2 Höhe und Höhe

Die Mittelwerte und Standardabweichungen für die Kovariaten Gewicht und Größe betrugen $56{,}11 \pm 8{,}24$ kg bzw. $167{,}4 \pm 6{,}31$ cm. Wie die Daten zeigen, gab es bei der Körpergröße nur geringe Schwankungen, wobei 75 % der Probanden zwischen 160 cm und 170 cm groß waren (Anhang 1). In Bezug auf das Gewicht wurde jedoch eine viel größere Streuung festgestellt, da 75 % der Probanden zwischen 47 kg und 66 kg wogen (Anhang 1), was einen erheblichen Unterschied darstellt. Infolgedessen beträgt der Variationskoeffizient[1] für das Gewicht V=0,15 und für die Größe V=0,04. Dieses Phänomen ist wahrscheinlich auf die unterschiedlichen Ernährungsgewohnheiten der Jugendlichen zurückzuführen.

Erwartungsgemäß besteht ein starker positiver linearer Zusammenhang zwischen Gewicht und Körpergröße, wie aus dem nachstehenden Diagramm hervorgeht:

Grafik 1: Streudiagramm für Gewicht und Größe

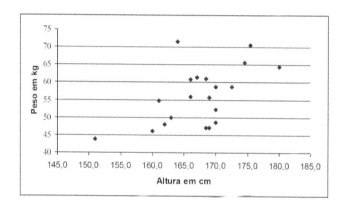

Der Korrelationskoeffizient beträgt r=0,56, ein Ergebnis, das auf dem Niveau von 0,01 signifikant ist (Anhang 2). Unter den 20 Spielern gab es einen *Ausreißer, d. h.* einen Spieler, dessen Gewicht über dem Durchschnitt seiner Größe lag. Durch die Eliminierung dieses Spielers aus der Analyse erreicht der Koeffizient einen Wert von r = 0,69.

4.3 GESCHWINDIGKEIT DURCH POSITIONIERUNG

Gemäß den Hypothesen 1 und 2 wird davon ausgegangen, dass es signifikante Unterschiede zwischen den Sportlern in den verschiedenen Positionen gibt. Die in der Studie erzielten Ergebnisse sind in Tabelle 1 zu sehen.

Tabelle 1: Geschwindigkeit in Sekunden pro Position

---

1 Dieser Koeffizient ist definiert als $V = s / \bar{x}$.

Position	n	Durchschnitt	Standardabweichung	Minimum	Maximum
Innenverteidigung	4	7,155	0,2374	6,9	7,4
Seite	4	7,178	0,3721	6,9	7,7
Das Lenkrad	4	7,440	0,6179	6,9	8,2
Mittel	4	6,980	0,2459	6,8	7,3
Stürmer	4	7,433	0,9980	6,6	8,8
Insgesamt	**20**	**7,237**	**0,5391**	**6,6**	**8,8**

Wie aus Tabelle 1 hervorgeht, unterscheidet sich die Durchschnittsgeschwindigkeit zwischen den fünf Spielergruppen nicht signifikant. Die schnellste Gruppe, die Mittelfeldspieler, hat eine Durchschnittsgeschwindigkeit von 6,98, während die langsamste Gruppe, die Innenverteidiger, eine Durchschnittsgeschwindigkeit von 7,44 hat, so dass die Differenz zwischen der schnellsten und der langsamsten Gruppe 0,48 beträgt (7,44 - 6,98).

Diese Studie stimmt mit der Studie von Balikian *et al.* (2002) überein, die keine Unterschiede in der aeroben Kapazität der Spieler feststellte, die in die Gruppen Innenverteidiger, Außenverteidiger, Mittelfeldspieler und Stürmer eingeteilt wurden. Es wurde jedoch festgestellt, dass die Außenverteidiger und Mittelfeldspieler eine höhere anaerobe Schwelle hatten als die Verteidiger und Stürmer. Eine Studie über portugiesische Profisportler ergab, dass die aerobe Kapazität der Spieler je nach ihrer Position auf dem Spielfeld unterschiedlich war, wobei die Mittelfeldspieler die beste aerobe Leistung zeigten und die Innenverteidiger die geringste (SANTOS; SOARES, 2001).

Dieser Geschwindigkeitsunterschied zwischen den 5 Spieler-Positionierungsgruppen ist nicht auf den schnellsten Spieler in jeder Gruppe zurückzuführen, da der Unterschied zwischen ihnen nur 0,3 Sekunden beträgt (6,9 - 6,6), sondern auf die langsamsten Spieler, da der Unterschied zwischen ihnen mit 1,5 (8,8 - 7,3) schon beträchtlicher ist, was zeigt, dass es einen drastischeren Unterschied zwischen dem langsamsten Spieler in jeder Gruppe gibt.

Bei der Analyse der individuellen Geschwindigkeit besteht eine gewisse Gleichheit zwischen den schnellsten Spielern in den 5 Gruppen, wobei der schnellste der 20 Spieler im Angriff einen leichten Vorteil hat (6,6), aber der Rest der schnellsten Spieler in jeder Gruppe hat keinen so ausgeprägten Nachteil, wobei die Mittelfeldspieler eine Geschwindigkeit von 6,8 haben und die anderen 3 Gruppen (Mittelfeldspieler, Außenverteidiger und Verteidiger) einen Durchschnitt von 6,9. Dies zeigt eine interessante Tatsache, nämlich ein Crescendo zwischen den schnellsten Spielern in jeder Mannschaft je nach ihrer offensiven Position. Vom schnellsten Verteidiger bis zum schnellsten Stürmer in jeder Gruppe gibt es eine leichte Verbesserung der Geschwindigkeit. Dies ist nicht der Fall, wenn man nach Positionen vergleicht, mit folgender Reihenfolge: Mittelfeldspieler (6,98) < Verteidiger (7,15) < Außenverteidiger (7,17) < Stürmer (7,43) < Innenverteidiger (7,44).

Eine weitere Studie mit U15-Jungen zeigt interessante Daten in Bezug auf den 50-Meter-Test. Den Ergebnissen zufolge sind die Stürmer die schnellste Gruppe mit einem Durchschnitt von 7,55 Sekunden, gefolgt von den Verteidigern (8,17 Sekunden) und den Mittelfeldspielern (8,77 Sekunden). Diese Analyse bestätigt nicht die Ergebnisse der vorliegenden Studie, da es keinen signifikanten Unterschied in der horizontalen Geschwindigkeit der Spieler gab, unabhängig von ihrer Position auf dem Spielfeld.

Zusammenfassend lässt sich sagen, dass es einige Unterschiede zwischen den Gruppen gibt, die jedoch nicht signifikant sind[2] , wie die ANOVA-Tabelle zeigt:

Tabelle 2: Varianzanalyse (ANOVA)

Ursache der Abweichung	Summe der Quadrate	gl	Mittlere Quadrate	F	Sig. (α)

---

2 Nach der aktuellen Literatur (Quelle) wird ein Ergebnis als signifikant angesehen, wenn der α-Fehler <0,05 ist. Manchmal wird ein Fehler von α<0,10 noch als akzeptabel angesehen.

Position	0,623	4	0,156	0,477	0,752
Abfall	4,900	15	0,327		
Insgesamt	5,523	19			

Der Anteil der Varianz, der durch die Position des Spielers erklärt wird, wird durch das Bestimmtheitsmaß ausgedrückt, das im Falle der ANOVA wie folgt berechnet wird (VIEIRA; 2006, S.46):[3]

$$R^2 = \frac{SQ_P}{SQ_T} = \frac{0,623}{5,523} = 0,1128 = 11,3\%,$$

Ein Ergebnis, das darauf hinweist, dass nur ein kleiner Teil der beobachteten Unterschiede (11,3 Prozent) auf die Position des Spielers zurückzuführen ist.

Die Daten erlauben es uns also nicht, unsere erste Hypothese zu bestätigen. Es gibt zwar kleine Unterschiede zwischen den Gruppen, aber sie sind nicht signifikant.

Hinsichtlich der zweiten Hypothese, die besagt, dass die angreifenden Spieler die schnellsten sind, gab es ein unerwartetes Ergebnis. Wie Tabelle 1 zeigt, sind die Angriffsspieler nicht die schnellsten. Im Gegenteil, sie liegen an 4. Stelle der 5 in der Studie untersuchten Positionsgruppen. Dies lässt sich darauf zurückführen, dass im modernen Fußball alle Positionen auf dem Spielfeld gleichwertig sind und praktisch alle Spieler über eine gleichmäßige, wettbewerbsfähige Geschwindigkeit verfügen müssen. Im Gegensatz zu früher, als das Klischee eines starken, langsamen Verteidigers und eines leichten, schnellen Stürmers galt, zeigt der moderne Fußball, dass man von der Verteidigung bis zum Angriff über eine gute Geschwindigkeit und eine Vielzahl verschiedener Spieler und Spielstile verfügen muss.

Diese Vielfalt im Offensivbereich wird deutlich, wenn man die Offensivspieler einzeln betrachtet, und man sieht, dass es einen Spieler von 1,75 m und 70,6 kg gibt und einen von

---

3 Um nicht mit dem Pearson'schen *r* verwechselt zu werden, wird in der ANOVA-Literatur häufig das Symbol *η2 (eta)* für das Bestimmtheitsmaß verwendet.

1,60 m und 40,6 kg. Auch im Offensivbereich selbst gibt es den schnellsten Spieler der 20 untersuchten Spieler mit einer Geschwindigkeit von 6,6 Sekunden und den langsamsten der 20 mit einer Geschwindigkeit von 8,8 Sekunden. Das bedeutet, dass man eine Vielzahl von Spielereigenschaften haben muss, um während des Spiels Veränderungen vornehmen zu können.

4.4 DIE AUSWIRKUNGEN VON GEWICHT UND GRÖSSE

Um Hypothese 3 zu testen, wurde eine Kovarianzanalyse mit den Kovariaten Gewicht und Größe durchgeführt. Die Ergebnisse sind unten in Tabelle 3 dargestellt. Daraus lässt sich ableiten, dass die beiden Kovariablen Gewicht und Größe nur einen geringen Einfluss auf die Geschwindigkeit haben und keiner dieser Faktoren in die Nähe des Signifikanzniveaus kommt. Sie haben alle einen niedrigen F-Wert und folglich einen α-Fehler $> 0,10$.

Tabelle 3: Analyse der Kovarianz (ANCOVA)

Ursache der Abweichung		Summe der Quadrate	gl	Mittlere Quadrate	F	Sig. (α)
Wirkung	*Kovariaten*	0,093	2	0,047	0,128	0,881
Gewicht		0,046	1	0,046	0,127	0,727
Höhe		0,003	1	0,003	0,009	0,925
Wirkung	*Standort*	0,694	4	0,173	0,476	0,753
Modell		0,787	6	0,131	0,360	0,891
Abfall		4,736	13	0,364		
Insgesamt		5,523	19	0,291		

Eine genauere Analyse dieser Tabelle zeigt, dass der Effekt der Position geringfügig zunimmt, wenn die mit den VCs verbundene Varianz entfernt wird. Die ANOVA ergab einen R-Wert von[2] =0,1128. Nach Tabelle 2 wird der Wert wie folgt berechnet:

$$R^2 = \frac{SQ_P}{SQ_T} = \frac{0,694}{5,523} = 0,1256 \approx 12,6\%,$$

d.h. ein Anstieg von nur 1,3 Prozent. Angesichts dieses Ergebnisses überrascht es nicht, dass die Unterschiede zwischen den ursprünglichen Durchschnittswerten und den angepassten Durchschnittswerten in allen Positionen minimal sind (Anhang 3).

Schließlich kann die Gesamtqualität des Modells bestimmt werden, indem die mit dem Hauptfaktor (Position) verbundene Varianz und die mit den Kovariaten verbundene Varianz berechnet werden:

$$R^2 = \frac{SQ_P}{SQ_T} + \frac{SQ_{CV}}{SQ_T} = \frac{0,694}{5,523} + \frac{0,093}{5,523} = \frac{0,0787}{5,523} = 0,1424 \approx 14,2\%,$$

Diese Ergebnisse stehen in vollem Einklang mit der in der Studie aufgestellten Hypothese 3, wonach die Faktoren Gewicht und Größe nur einen geringen Einfluss auf die Schnelligkeit der Spieler auf dem Spielfeld haben, was zeigt, dass die Mannschaft auf den fünf untersuchten Positionen eine Vielzahl von Körpertypen aufweisen kann. Dieses Ergebnis steht im Einklang mit einer Studie, in der die Größe der unteren Gliedmaßen von Fußballspielern untersucht wurde und in der festgestellt wurde, dass dieser Größenfaktor nur einen geringen Einfluss auf die Schnelligkeit der Spieler hat (MOREIRA; BAGANHA, 2007).

In der vorliegenden Studie wurde kein Zusammenhang zwischen der Länge der ausgeführten *Sprints* und den Gewichts- und Größenwerten festgestellt, obwohl es einen signifikanten Gewichtsunterschied zwischen den Athleten und eine geringe Variation bei der Größe gab. Diese Ergebnisse stehen im Einklang mit den Beobachtungen von Malina *et al.* (2007), die bei der Untersuchung von Athleten der gleichen Sportart und Altersgruppe keinen Gewichtsunterschied zwischen den Athleten feststellten.

5 SCHLUSSFOLGERUNG

In dieser Studie wurde die horizontale Geschwindigkeit der U-15-Spieler der Zico 10 UNIPÊ-Schule analysiert, so dass der Einfluss von Gewicht und Größe auf die Geschwindigkeit analysiert und berechnet wurde.

Anhand der von den bewerteten Spielern geäußerten Geschwindigkeit lässt sich feststellen, dass trotz der Geschwindigkeitsunterschiede zwischen den Spielern und ihren jeweiligen Positionsgruppen die gefundenen Ergebnisse geringe Unterschiede aufweisen und somit ein großes Gleichgewicht in Bezug auf die Geschwindigkeit der U15-Fußballspieler zeigen. Aus den Ergebnissen, dass Gewicht und Größe nur einen geringen Einfluss auf die Geschwindigkeit haben, kann auch geschlossen werden, dass Fußball ein Sport ist, der die unterschiedlichsten Biotypen umfasst, da Spieler mit unterschiedlichem Gewicht und unterschiedlicher Größe verschiedene Rollen im Spiel spielen können. Daraus lässt sich schließen, dass Stürmer nicht immer die Schnellsten sind, im Gegensatz zu dem, was oft angenommen wird.

Eine Einschränkung der Studie war die Tatsache, dass die Anthropometrie und die sexuelle Reifung nicht untersucht wurden. Zukünftige Studien könnten die Beziehung zwischen sexueller Reifung und *Sprintfähigkeit* bei Athleten derselben Altersgruppe untersuchen.

6 REFERENZEN

ARRUDA, Miguel de; BOLANOS, Marco Antonio Cossio. **Training für junge Fußballer**. Sao Paulo: Phorte, 2010.

ASANO, Ricardo Yukio; BARTOLOMEU NETO, Joao; OLIVEIRA JÙNIOR, Helio Porfirio de. Bewertung der aeroben und anaeroben Leistung bei U18-Fußballspielern. **Revista Cereus**, v.1, n.1, 2009.

BALIKIAN, Pedro. Maximaler Sauerstoffverbrauch und anaerobe Schwelle von Fußballspielern: Vergleich zwischen verschiedenen Positionen. **Rev Bras Med Esporte**, v.8, n.2, 2002.

BANGSBO, Jens. **Konditionstraining im Fußball**. Barcelona: Paidotribo, 1997.

BOSCO, Carmelo. **Aspectos Fisiológicos de La Preparación Fisica Del Futbolista**. 3. Auflage. Barcelona: Paidotribo, 1996.

CAIXINHA, Pedro F.; SAMPAIO, Jaime; MIL-HOMENS, Pedro V. Variationen in der zurückgelegten Strecke und der Bewegungsgeschwindigkeit während Trainingseinheiten und Wettkämpfen bei Juniorenfußballern. **Revista Portuguesa de Ciências do Desporto**, v.4, n.1, 2004.

COSTA, Israel Teoldo Da; SILVA, Jùlio Manuel Garganta da; GRECO, Pablo Juan; MESQUITA, Isabel. Taktische Grundsätze des Fußballspiels: Konzepte und Anwendung. **Motriz**, v.15, n.3, 2009.

CUNHA, Sérgio Augusto; BINOTTO, Mônica Ribeiro; BARROS, Ricardo Machado Leite. Analyse der Variabilität bei der Messung der taktischen Positionierung im Fußball. **Revista paulista de educaçâo física**, Sao Paulo, v.15, n.2, 2001.

DENADAi, Benedito Sérgio; HIGINO, Wonder Passoni; FARIA, Rodrigo Arthur de;

NASCIMENTO, Eugenio Pacelli do; LOPES, Walter Lopes.Validity and reproducibility of the blood lactate response during the shuttle run test in football players. **Rev Bras de Ciência e Movimento**, v.10, n.2, 2002.

FELTRIN YR; MACHADO DRL. Technische Fähigkeiten und körperliche Fitness von jungen Fußballspielern. **Rev Bras Futebol**, v.2, n.1, 2009.

FERNANDO, Zuluaga Gonzalez; REINERIO, Zamora Sierra. Bewertung der Explosivkraft und Schnelligkeit im unteren Zug der Athleten der Vor-Jugend-Kategorie des Club Deportivo G-8 De Futbol de la ciudad de Ibagué. **Edufisica** v.2, n.6, 2010.

GOMES, Antonio Carlos; SOUZA, Juvenilson de. **Futebol: treinamento desportivo** de **alto rendimento**. Porto Alegre: Artmed, 2008.

GOULART, Luiz Fernando; DIAS, Raphael Mendes Ritti; ALTIMARI, Leandro Ricardo. Isokinetische Kraft von U20-Fußballspielern: Vergleich zwischen verschiedenen Spielpositionen. **Rev Bras Cineantropom. Desempenho Hum.** v.9, n.2, 2007.

HOFF, Jan.; WISLOFF, Ulrik; ENGEN, Lars Christian; C.; HELGERUD, Jan. Soccer specific aerobic endurance training. **Britische Zeitschrift für Sportmedizin**, v.36, n.3, 2002.

HELGERUD, Jan; ENGEN Lars, Christian; WISLOFF; Ulrik; HOFF, Jan. Aerobes Ausdauertraining verbessert die Fußballleistung. **Official Journal of the American College of Sports Medicine.** v.33, n.11, 2001.

LA84 Foundation.**Spanish Soccer Manual**. Los Angeles, 2008.

MAHL, Alvaro C., RAPOSO, José Vasconcelos. Psychologisches Profil von Profifußballern in Brasilien. **Rev. Port. Cien. Desp.** v.7, n.1, 2007.

MALINA, Robert M.; RIBEIRO, Basil; AROSO, Joao; Cumming, SEAN, P. Merkmale von

Jugendfußballspielern im Alter von 13-15 Jahren, klassifiziert nach Leistungsniveau. **Britische Zeitschrift für Sportmedizin,** v.41, n.5, 2007.

MATSUDO, Vitor Keihan Rodrigues. **Tests in Sportwissenschaften.** 4 ed. Sao Caetano do Sul: Celafiscs, 1987.

MIRELLA, Riccardo. **Las nuevas metodologias del entrenamiento de la fuerza: la resistência, la velocidad y la flexibilidad.** Barcelona: Paidotribo, 2001.

MOREIRA, Rafael Augusto Coutinho; BAGANHA, Ronaldo Jûlio. Beziehung zwischen der Maximalkraft und der Länge der unteren Gliedmaßen und der durchschnittlichen Laufgeschwindigkeit von Jugendfußballspielern. **Movimento & Percepçao,** v.8, n.11, 2007.

PAIM, Maria Cristina Chimelo. Motivationsfaktoren und Leistung im Fußball. **Revista da Educaçao Fisica/UEM.** v.12, n.2, 2001.

PIMENTA, Carlos Alberto Màximo. Revista do programa de estudos pós-graduados em ciências sociais da PUC-SP; ponto-e-virgula, n.3, 2008. http://www.pucsp.br/ponto-e-virgula/n3/pdf/12-pv3-carlos.pdf [06.09.2012]

PRATES, Arques. **Jugendfußball: Vorbereitung von Spielern auf Prüfungen.** Sao Paulo: Musa, 2005.

PUPO, Juliano Dal; ALMEIDA, Carlos Miguel Porto; DETANICO, Daniele; SILVA, Juliano Fernandes da; GUGLIELMO, Luiz Guilherme Antonacci; SANTOS, Saray Giovana dos. Muskelleistung und Kapazität für wiederholte Sprints bei Fußballspielern. **Rev Bras Cineantropom Desempenho Hum.** v.12, n.4, 2010.

REBELO, António N.; OLIVEIRA, José. Beziehung zwischen Geschwindigkeit, Beweglichkeit und Muskelkraft bei Profifußballern. **Rev. Port. Cien. Desp.** v.6, n.3, 2006.

REILLY T., BANGSBO J., FRANKS A. Anthropometrische und physiologische Prädispositionen für den Spitzenfußball. **Zeitschrift für Sportwissenschaften.** v.18, n.9, 2000.

SANTOS, José Augusto Rodrigues . Vergleichende physiologische, anthropometrische und motorische Studie zwischen Fußballern verschiedener Leistungsstufen. **Revista Paulista de Educaçao Fisica.** v.13, n.2, 1999.

SANTOS, P.J; SOARES, J.M. Aerobic capacity in elite footballers as a function of specific position in the game. **Revista Portuguesa de Ciências do Desporto.** v.1, n.2, 2001.

SCAGLIA, A.J. Escolinha de futebol: uma questão pedagògica. **Motriz,** v.2, n.1, 1996.

SILVA, Tomàs da;. ANALYSE DER VERÄNDERUNG (ANCOVA). https://woc.uc.pt /fpce/ getFile.do?tipo=2&id=11319 [06.10.2012].

TEIXEIRA, Alberto Azevedo Alves; *et al.* Deskriptive Studie über die Bedeutung der funktionellen Bewertung als vorbereitendes Verfahren für die physiologische Kontrolle des körperlichen Trainings von Fußballspielern vor der Saison. **Rev Bras Med Esporte,** v.5, n.5 , 1999.

TOLEDO, Luciano Geraldo; OVALLE, Ivo Izidoro. **Grundlegende Statistik.** Sao Paulo: Editora Atlas, 1995.

TURKMAN, M. Antonia Amaral; SILVA, Giovani Loiola. **Verallgemeinerte lineare Modelle - von der Theorie zur Praxis.** Lissabon, 2000. http://docentes.deio.fc.ul.pt/maturkman/mlg.pdf [07.10.2012]

VASCONCELOS-RAPOSO, A. **Planificación y organización del entrenamiento deportivo.** Barcelona: Paidotribo, 2005.

VIEIRA, Sônia. **Analyse der Varianz.** Sao Paulo: Editora Atlas, 2006.

WEBER, Fernanda Seganfredo *et al.* Isokinetische Bewertung bei professionellen Fußballspielern und Vergleich der Leistung zwischen verschiedenen Positionen auf dem Spielfeld. **Rev Bras Med Esporte**, v.16, n.4, 2010.

WEINECK, Erlangen J. **Futebol total: o treinamento no futebol**. Guarulhos: Phorte, 2000.

WILLIAMS, Melvin. Ergogene Hilfsmittel: ein Mittel zu Citius, Altius, Fortius und olympischem Gold? Res Q Exerc Sportn, 67, 1996

WITTER, José Sebastiao. Der Fußball. Ein universelles Phänomen des 20. Jahrhunderts. **Revista USP**, Sao Paulo, Nr. 58, 2003.

7 ANHÄNGE

ANHANG 1: DATENMATRIX

IDN	POSITION	GEWICHT	HÖHE	SPEED
1	INNENVERTEIDIGUNG	47,1	169,0	7,29
2	INNENVERTEIDIGUNG	65,7	174,5	7,03
3	INNENVERTEIDIGUNG	64,4	180,0	6,89
4	INNENVERTEIDIGUNG	71,5	164,0	7,41
5		61,1		
6				
7				
8				
9	LENKRAD	58,8	170,0	7,75
10	VOLANT	60,9	166,0	6,94
11	VOLANT	48,0	162,0	6,91
12	VOLANT	49,9	163,0	8,16
12	MEAN		170,0	7,34
14	MEAN	54,7	161,0	
15	MEAN	61,5	167,0	6,87
16	MEAN	55,8	166,0	
17				
18				
19				
20				

ANHANG 2: PEARSON KORRELATIONSKOEFFIZIENTEN

	Gewicht	Höhe	Geschwindigkeit
Gewicht	-	0,562** 0,010	0,127 0,592
Höhe		-	0,092 0,700
Geschwindigkeit			-

** Die Korrelation ist auf dem Niveau von 0,01 signifikant

Mehrfache Klassifikationsanalyse (MCA)*

Position		N	Durchschnitt		Abweichung	
			Nicht angepasst	Angepasst	Nicht angepasst	Angepasst
Innenverteidigung		4	7,155	7,077	-0,0820	-0,1604
Seite		4	7,178	7,232	-0,0595	-0,0051
Geschwindigkeit	Lenkrad	4	7,440	7,463	0,2030	0,2263
Mittel		4	6,980	6,983	-0,2570	-0,2544
Stürmer		4	7,433	7,431	0,1955	0,1936

* Geschwindigkeit nach Position mit Gewicht und Größe

38

8 ANHÄNGE

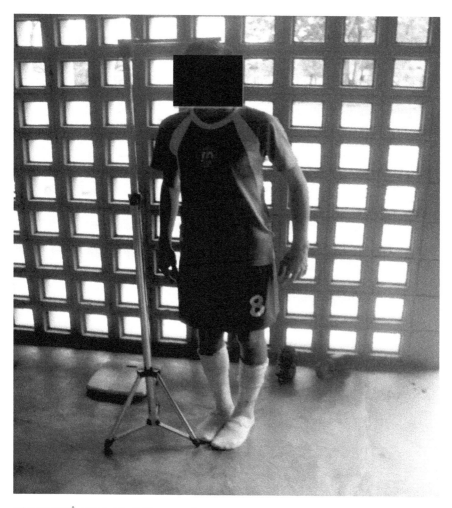

(Zico 10 UNIPÊ-Athlet bei der Größenmessung)

(Athlet Zico 10 UNIPÊ bei der Kontrolle des Körpergewichts)

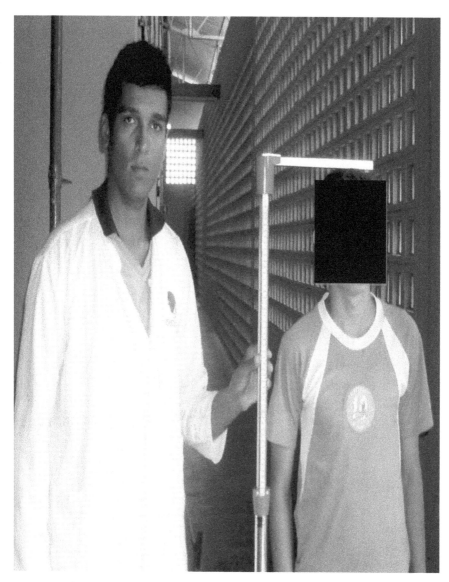

(Zico 10 UNIPÊ-Athlet wird bewertet)

(Zico 10 UNIPÊ-Sportler bei der Durchführung des Geschwindigkeitstests)

(Zico 10 UNIPÊ U-15 Mannschaft im Wettbewerb)

Milton Keynes UK
Ingram Content Group UK Ltd.
UKHW012224290324
440241UK00001B/77